KiWi 451

Über das Buch

Man kennt ihn als Pudelmützen-Tommie, mit einem Auspuffrohr unterm Arm und einem Dackel auf dem Arm. Aber er spielt auf der Bühne auch die anderen Figuren seiner grausam-liebenswerten Proll-Familie: den Hausmeister Dieter, Schwesterherz Carmen oder den Disco-Türsteher Hansi.

Was jedoch macht Tom Gerhardt, der Erfinder dieses Wahnsinns-Panoptikums aus dem wahren Leben, wenn er nicht auf der Bühne steht? Dann schreibt er Gedichte. Worüber? Über die Mitmenschen: über den Staubsaugervertreter und das Arschgesicht, über Gabi mit lackierten Zehen, den Osterhasen und den alten Bock. Aber auch über das Wetter. So ist ein höchst unterhaltsames Buch über die Leute um die Ecke entstanden, vorgeführt in schön gereimten Sätzen, glücklich ergänzt durch Zeichnungen von Karl-Heinz Schrörs, der mit seinem Bleistift nicht weniger Treffer landet als der dichtende Comedy-Star.

Der Autor

Tom Gerhardt, geboren 1957, sahen in den letzten Jahren 650.000 Zuschauer bei seinen Comedy-Auftritten »Dackel mit Sekt«, »Voll die Disco« und »Voll pervers«. Im Herbst 1997 Kinopremiere von »Ballermann 6«, daneben Vorarbeiten zu einer Sitcom bei SAT 1, Studium der Philosophie und der deutschen Literatur.

TOM GERHARDT

AUA!

GEDICHTE AUS DEM PRALLEN LEBEN

ZEICHNUNGEN
VON KARL-HEINZ SCHRÖRS

KIEPENHEUER & WITSCH

Erste Auflage 1997

Umschlaggestaltung und -motiv: Karl-Heinz Schrörs, Köln
Gesetzt aus der Garamond Stempel (Berthold)
bei Kalle Giese Grafik, Overath
Druck und Bindearbeiten: Clausen & Bosse, Leck
ISBN 3-462-02652-6

INHALT

GABI MIT LACKIERTEN ZEHN

Vor'm Café sitzt, wie wir sehn,
die Gabi mit lackierten Zeh'n.
Dieselben streckt sie in die Luft,
bis daß des Nachts die Arbeit ruft.
Ach, ist das Mädel süß und lecker,
wie gemacht vom Zuckerbäcker!
Kleine Nase, schmolliger Mund,
der Popo so fest und rund –
auch obenrum, muß man gesteh'n,
ist Gabi stattlich anzusehn.
Da sitzt sie nun, spielt an 'ner Strähne
von der hochtoupierten Mähne.
Kannst du dich noch einmal drehn?
Ich möcht so gern das Höschen sehn,
was ich eben, fein gestickt,
unter'm Mini hab geblickt.
Du reizendes, kleines Ungetier
weckst meine rückhaltlose Gier –
wie krieg ich dich, das ist verzwickelt,
ins Gespräch hineinverwickelt?
Da sitz ich nun und quäl den Geist,
derweil sie in ein Würstchen beißt –
das Würstchen bleibt voll Lippenstift,
was meine Habgier noch vertieft.

Doch ohne Nutzen, ohne Frommen,
hab ich lang und bang gesonnen,
denn – herrje, ist's schon so spät?
Wer hat an der Uhr gedreht? –
laut hupt's aus 'nem Cabrio –
drinnen sitzt der breite Joe,
der nur ungern, wie man hört,
wird in seinem Job gestört.
Er guckt kurz auf die Rollex-Uhr,
und wromm!, geht's los zum Club d'amour.
Mit bleibt die warme Sommernacht,
die so für sich nicht Freude macht.

BALLERMANN 6

Guck, wer liegt da dick am Strand?
Der Otto mit 'nem Sonnenbrand.
Von der Wampe rinnt der Schweiß,
denn dem Otto ist so heiß.

Kann sich dieser fette Bollen
nicht mal in den Schatten rollen?
Will sich Otto wirklich töten,
um den Schmerbauch so zu röten?

Ach, sein ächzendes Gewimmer
sagt: Die Wahrheit ist viel schlimmer.
Weil der Kerl 10 Humpen trank,
er willenlos im Sand versank.

Da! Er versucht sich aufzurichten,
um 'nen kühlen Platz zu sichten …
Doch zu Ottos großem Schreck
knicken seine Beine weg.

Ach perdauz, da taumelt er,
fällt hinab, 10 Tonnen schwer,
auf den Rücken wie 'ne Kröte,
das vertieft die Leibesröte.

Da liegt der arme Sünder nun,
gezwungen, weiter auszuruhn.
Nur eines macht dem Dicken Mut:
In zwei Stunden naht die Flut.

SCHNORRER

Aber hallo!, alter Freund,
bist du es, ich hab nicht geträumt?
Mensch, das ist ja ewig her!
Ist das schön, ich glaub's nicht mehr!
Und überhaupt, wo wir uns sehn:
haste 'ne Mark, vielleicht auch zehn?

Wie bitte? Was? Du kennst mich nicht?
Das sagst du frech in mein Gesicht?
Ich bin dir völlig einerlei?
Zehn müde Mark – so ein Geschrei?
Mit dicken Taschen stehst du hier
und gönnst mir nicht ein kleines Bier?
Du linker Vogel, Kumpelschwein,
kannst mir ab heut gestohlen sein!

MÖRDERS KLEINES NACHTGEDICHT

Gute Nacht, ich stell mich vor,
man nennt mich Peter Seil,
wo ich bin, ist Trauerflor,
drum auch das Hackebeil.

Ich stehle ungern Ihre Zeit,
ich fang von unten an,
Ihr Fuß, der scheint mir etwas breit,
da muß mein Beilchen ran.

Hackdiwack und Halali –
die Zehen fliegen raus,
und schon morgen kommen Sie
mit Größe 30 aus.

Ist Ihr Körper noch verbaut,
liegt's an den langen Armen –
wer sie mit Schmackes runterhaut,
zeigt letztlich nur Erbarmen.

Hackdiwack! Das macht Figur –
Sie langes Laster Sie!
Nur eine kleine Korrektur ...
mich stört das linke Knie.

Verdammt! Die Sache stimmt noch nicht ...
wenn ich nur wüßt warum?
Jetzt hab ich's: Es ist Ihr Gesicht! –
das guckt so frech und dumm.

Aus Staub kommst du und wirst zu Staub,
dein Lichtlein geht jetzt aus –
ich nehm mir nur noch mit Verlaub
ein wenig Bauchspeck raus.

So und nun empfehl ich mich,
Ihr Diener Peter Seil,
»Auf Wiedersehn« verbietet sich –
dank meinem Hackebeil.

ALTER BOCK

In der Disco steht am Tresen,
einer, der hier oft gewesen,
einer, der's nicht lassen kann,
ein alter, geiler Auerhahn.
Im feinen Zwirn, mit dicker Wampe,
träumt er von einer kleinen Schlampe,
die, adrett und wohlgebaut,
nach Geld und nicht nach Schönheit schaut.
Gut wär's für die finst'ren Ränke,
wenn sie reichlich Cocktails tränke,
daß sie schließlich nur noch schielte
und ihn für Adonis hielte.
So ließe sie sich von dem Deppen
leicht in den weißen Porsche schleppen.
Seht, da naht die Monika! –
wo was umsonst, schon ist sie da.
Die Freundschaft ist hier rasch geschlossen,
sie trinkt schnell und unverdrossen.
Der Bock von einer Villa prahlt,
während er den Schampus zahlt,
und seine feuchte Pfote grabscht
die junge Hüfte, fummelt, patscht …
Ja, muß sie sich denn an ihn schmiegen –
soll hier die Macht des Geldes siegen?

Es sieht so aus, denn Monika
steht jetzt nur noch schwankend da.
Der Schmock glotzt in die schönen Augen
und will an ihren Lippen saugen.
Soeben öffnet sich ihr Mund,
will sich vereinen mit dem Schlund,
aus dem die Jacket-Kronen blitzen,
die über schwarzen Stumpfen sitzen.
Doch hallo!, wer kommt denn da?
Ein lieber Freund grüßt Monika,
hübsch und freundlich und allein,
der Schmock zieht seine Zunge ein.
Ja, das ist ein alter Schwarm,
sie fällt ihm glücklich in den Arm.
Der Schmock quält sich ein Lächeln raus,
als mache er sich nichts daraus.
Er muß sich ärgerlich bequemen,
die Hand des jungen Manns zu nehmen,
der sich höflich vorgestellt,
was den Schmock noch mehr vergällt,
denn das Schlimmste tritt nun ein:
Ein Talk zu dritt und nicht zu zwei'n.
Monika, die Frohnatur,
zeigt von Trauer keine Spur.

Sie bestellt ein drittes Glas
von dem guten, teuren Naß,
das wie Nummer fünf, sechs, sieben
auf den Schmock wird aufgeschrieben.
Der Gast nach Dankesworten sucht,
der Schmock ihn innerlich verflucht.
Denn, um Freundschaft zu beweisen,
erzählt der Gast von seinen Reisen,
bis der Laden wird geschlossen;
unser Schmock ist hochverdrossen.
Der Kellner rechnet Deckel aus,
der Schmock erspäht die Summ mit Graus.
Die Hand, die grad noch Schampus schwingt,
sich mühsam in die Tasche ringt.
Und draußen, ach, ein karger Lohn,
der Schmock ist böse, ahnt es schon:
Kuß auf die Wange, nette Worte,
allein bleibt man an diesem Orte.
Man sieht zwei in die Nacht entschwinden,
nicht jeder kann dies komisch finden.
Der Bock an seinem Porsche steht,
bis ihm daran die Lust vergeht.
Dann schwingt er fest sein rechtes Bein
und tritt auf seinen Reifen ein.

Der sieht zu Unrecht sich bedacht,
hat trotzig sich ganz prall gemacht.
Und, als des Schmockes Zorn verraucht,
hat er sich schon den Fuß verstaucht.
Drum die Moral von der Geschicht:
Ein Freier zahlt, beschwert sich nicht.

KATER

Ich hab ein dickes Tierchen
in meinem Schädel drin –
das streckt sich da von einem Ohr
bis zu dem andern hin.

Es bäumt sich auf und schimpft und kratzt
und pocht mir an die Knochen,
dann springt's mir in den Magen rein
und bringt ihn arg zum Kochen.

Es zwängt sich dann durch meinen Schlund
und tritt mir an die Rippen,
es schreit nach Bier, nach Wein, nach Schnaps
und fordert 20 Kippen.

Und kriegt es nicht, wonach es giert,
wird's riesengroß und stark,
dann reißt es die Gedärme auf
und haut mein Hirn zu Quark.

Drum schmeiß ich meine Arbeit hin,
zieh in die Stadt hinein,
denn dieses fette Monster
will rasch gefüttert sein.

WIDERLICHES PACK

Sie warten wirklich überall,
um dich schön einzuseifen,
sie nerven dich und quälen dich,
nur um was abzugreifen.

Sie labern Scheiß, besabbeln dich,
und stehen an den Ecken,
sie kleben an dir wie Geschmeiß,
wie widerliche Zecken.

Sie saugen sich ganz an dir fest
und hängen dir am Bein,
belasten dich, erdrücken dich
wie'n tonnenschwerer Stein.

Sie nehmen alles, geben nichts,
sind lästig wie die Fliegen,
sie werden unverschämt und frech,
wenn sie nichts von dir kriegen.

Du stößt sie einmal von dir fort,
dann hörst du lautes Schreien,
sie schwören, soviel Undank
dir niemals zu verzeihen.

Doch wie die lausigen Hyänen,
die noch Futter seh'n,
siehst du sie bald schon wieder,
Runden um dich dreh'n.

DER KLEINE SCHNUPFBAZILLUS

Der kleine Schnupfbazillus
sitzt in der Nase drin
und wärmt sich dort mit Hochgenuß
und schaut hinab zum Kinn.

Von oben kommt der Sturmeswind,
der bläst ihn mächtig an,
da zieht er Frau und Kinder
ganz sicher an sich ran

und lehrt die kleinen Racker:
Vor'm Tod euch zu bewahren,
müßt halten ihr euch felsenfest
an diesen kleinen Haaren!

Und kommt die große Flasche an,
mit den bösen Tropfen,
dann müßt ihr euch, so schnell es geht,
tief in die Poren stopfen.

Da sitzt ihr still und sagt kein Wort
und tut, als seid ihr tot:
So könnt ihr lange leben,
so bleibt die Nase rot.

Und wenn Ihr dann erwachsen seit
– zwei Tage braucht das schon –,
dann schenkt uns viele Enkelchen,
das wär der schönste Lohn.

Doch, ach!, der Fluch der Jugend –
Gedankenlosigkeit!,
sie sangen und sie sprangen
fort von den Haaren weit.

Es kam ein gewaltiger Nieser
und riß so tief sie hinab,
da wurde Tempo mit Menthol
ihr frühes Kindergrab.

Es weinten und klagten die Eltern,
sie wußten nicht ein und nicht aus –
der Vater riß ganz stumm vor Zorn
drei Nasenhaare raus.

Dann sah er zur Mutter und meinte,
ach ja, was hilft es schon –
wir machen jetzt zum Trotze
die nächste Gen'ration!

ODE AN EINEN STAUBSAUGERVERTRETER

Unermüdlicher Kämpfer, du streckst deine Lanze
gleich einem Ritter zur oft schon verlorenen Schlacht –
hinterm Guckloch, versteckt wie die listige Wanze,
steht die Hausfrau, die frech dich verhöhnt und verlacht.

Nur wenn Leichtsinn und Torheit öffnet die Türe,
schiebst du wacker den Sauger hinein in den Spalt,
und klug sinnend, wie man die Dame des Hauses verführe,
stemmst dich gegen die Pforte mit wilder Gewalt.

Fällst nach vorn du, zum Flur, so darfst du nicht zagen,
nicht verstolpern dich dumm in des Kabels feindlich
Geschläng,
mußt trüben Muts den Zustand des Teppichs beklagen
und mutig erproben des Saugers edles Gestäng.

Dann zückst, Bezwinger des Staubes, du rasch die
Kontrakte,
sie zu winden behende in frauliche Hand,
und daß sie nicht lese das Machwerk, vertrackte,
mußt du sie besäuseln mit himmlischem Schmand.

Verkauft sie arglos und schnell ihre Seele,
beginnet gleich neue, tolldreiste Hatz.

Wirst Sauger-Versicherungs-Scheine kühn du empfehlen
und ihr verscherbeln hurtig den Teile-Ersatz.

Und konntest du sie bis zum Ruine hin zwingen,
verläßt du das Haus nach solch frohem Gefecht.
Im Hotel Garni hört man dich Recken dann singen:
»Gott schütze mich vor dem Widerrufsrecht!«

DER INTELLEKTUELLE

Die Sonne scheint, die Sonne lacht
und hat heut alle froh gemacht.
Menschen streunen durch die Gassen,
um sich mal richtig gehn zu lassen.

Ein Bierchen hier, ein Schwätzchen da,
ein dummer Spruch und Tralala –
es wird ein alter Song gegrölt,
die Stimmen sind schon gut geölt.

Nur einen stört die Sache sehr,
weil solches viel zu einfach wär.
Hört ihr ihn klagen, hört ihn bellen?
Den deutschen Intellektuellen?

Grämlich hockt in finst'rer Stube
mit Wasserkopf der kluge Bube.
Der Sonnenschein – so führt er Buch –
sei letztlich nicht durchdacht genug.

DER KOKSER

Kokser Charlie hat 'ne Nase,
groß wie eine Blumenvase.
Selten sieht man, daß sie tropft –
weil meistens ist sie zugestopft.

Hör'n wir ihn die Nase ziehn,
ist eins nicht fern – sein Kokain.
Nur, was unsern Charlie stört –
wie laut man seinen Zinken hört.

Denn wird das Pulver hochgezogen
und mit der Luft hineingesogen,
wie's so manchem wohlbekannt,
trompetet er wie'n Elefant.

Das wär dem Charlie einerlei,
gäb's nicht die Drogenpolizei.
Die braucht nicht groß herumzuspüren,
um Charlie rasch zu überführen.

In Charlies Bar stellt sie voll Hohn
ein klitzekleines Mikrophon.
Dröhnt es dann: TRARO-TRARA!,
blitzeschnell schon ist sie da.

Nun sitzt der Charlie in der Haft,
vor Gier nach Koks halb hingerafft,
und hadert mit dem lieben Gott:
Den Rüssel gabst du mir aus Spott!

KÖLLE OLÉ

Unser schönes Köln am Rhein
könnte doch in Spanien sein:
Auf den Dom schien warme Sonne,
draußen sitzen wär 'ne Wonne!

Bierchen trinken wir am Strand,
der Köbes stapft durch heißen Sand.
Soll'n die Spanier uns regieren,
solang sie keine Kriege führen.

Dort, wo unser Köln gewesen,
schrubben wir mit tausend Besen –
siedeln dann die Schwaben an,
und endlich fängt die Ordnung an.

Die vermissen wir nicht sehr –
wir schauen über's weite Meer,
winken rüber jedes Jahr
zu Karneval im Februar.

»Köbes« = Brauhauskellner in Köln

DER SCHLEIMIGE HEIN

Horch, wer schleimt da um die Ecke,
klebrig, lästig wie 'ne Zecke,
labert jedem nach dem Mund,
schwafelt dir die Ohren wund.
Glitschig wie ein alter Aal,
schmiert er sich durch jeden Saal.
Kann dir helfen ohne Ende,
reicht dir seine feuchten Hände.

Ach, das kann nur einer sein:
Der schleimige Hein! Der schleimige Hein!

Schmeißt sich schrecklich an dich ran,
faßt dich gerne öfters an.
Will mit dir Geschäfte machen,
aber nur die sich'ren Sachen.
Geht's dir gut, wer freut sich tot,
doch kennt dich nicht in deiner Not?
Kann an allem Gutes finden,
artig die Krawatte binden?

Ach, das kann nur einer sein:
Der schleimige Hein! Der schleimige Hein!

Wer hat deiner Frau erzählt,
daß dich die Beziehung quält?
Kann sich wie 'ne Schlange winden,
willst du dann die Wahrheit finden.
Wer war Kollege immerzu,
Kumpel ohne Rast und Ruh,
und hast du mal 'ne Chance gehabt,
wer hat sie eilig weggeschnappt?

Ach, das kann nur einer sein:
Der schleimige Hein! Der schleimige Hein!

Du fieser Hein, ich mag dich nicht,
mit deinem linken Schmiergesicht.
Kannst du nicht einfach mal ersticken
an dem Schleim, dem knüppeldicken?
Ach, mein letzter Wunsch auf Erden,
sollte ich begraben werden:
Wer sollte ausgeladen sein
mit seinen ganzen Heuchelein?

Der schleimige Hein! Der schleimige Hein!

DAS FLEISSIGE LEHNCHEN

An die Mauer, auf der Lauer,
lehnt das hübsche Lehnchen sich –
gehst du wankend, gehst du schwankend,
schwuppsdiwupps, da hat sie dich!

Hoch die Treppen mußt du steppen,
bis ins rote Zimmerlein –
viel berappen, soll was klappen,
und dann ist das Lehnchen dein.

Kaum genossen, schon verflossen,
sind die teueren Minuten.
Unter Qualen nachbezahlen,
und du sollst dich trotzdem sputen.

Wirst entlassen in die Gassen,
ausgelaugt mit trübem Sinn –
an die Mauer, auf die Lauer,
stellt sich wieder Lehnchen hin.

DIE RICHTIGE FRAU

Ihre Augen, die braunen, die waren so treu
und schauten mich schüchtern an –
ihr Blick war sanft, so lieb und scheu,
wie man nur träumen kann.

Die Hand war fein, die Haut so weich,
die Stimme süß und mild –
ein Mädchen aus dem Märchenreich
gemalt auf einem Bild …

Wem diese Lippen blühen,
wem öffnet sich ihr Herz,
der müßte doch verglühen
im schönsten Liebesschmerz.

Ein jeder wollt sie haben,
es fehlte ihnen der Mut –
ich aber hab sie verlassen,
sie war mir viel zu gut.

Nur bin ich manchmal ganz allein
im trüben Winterregen,
möcht ich noch einmal bei ihr sein
und an ihr Herz mich legen.

DER PENNER

Du da ... komm 'ma graade her,
setz dich ma hin, issoch nich schwer.
Quatsch, du muß hier nirgends hin,
hattoch alles gar kein Sinn.

Hatt doch alles keinen Zweck,
komm, hau mit mir die Pulle weg!
Is wirklisch gar kein schlechter Wein,
den ziehn wir uns zusamme rein.

He, Kumpel, bidde richtig schlucken!
Willssu in die Flasche spucken?
Eines bitte merk dir wohl:
Schön Respekt vorm Allohol!

Weissu, ich könnt Leute hassen,
die sich unterkriegen lassen.
Doch ich seh schon: dein Gesicht –
Nee, so'n Arschloch bissu nicht.

Nein, du biss ein grader Junge –
Komm, blas Luft in deine Lunge!
Wir stimmen jetz ein Liedchen an,
an zwei wie uns kommt keiner ran!

Samal, warum singssu nix?
Raus mitta Sprache, aba fix!
Bis du etwa doch 'ne Sau?
Lüg mich nich an, ich merk's genau!

Du biss nur ein Verräterschwein!
Die Pulle her! Was fällt dir ein?
Hau ab und laß mich jetz in Ruh –
wegen Kerlen wie dir sauf ich mich zu.

DAS ARME DOTTERBLÜMCHEN

Ein kleines Dotterblümchen
tief unten im Grase stand,
und blinzelte zur Sonne,
die kaum noch zu ihm fand.

Es streckte seine Blätter
zum Licht so sehnsüchtig aus,
es dehnte sich und streckte sich
und ließ 'nen Seufzer raus.

Warum muß ich im Grase,
kann nicht im Freien sein?
Ach, wieviel könnt ich haben
vom warmen Sonnenschein ...

So klagte es und weinte es
und wünscht sich eine Fee,
die alles Gras verschwinden ließ
und allen grünen Klee.

Die Fee kam nicht, doch mein Nachbar,
der g'rade den Rasen barbiert,
der hat dem Dotterblümchen
das Köpfchen abrasiert.

Drum geht's dir schlecht, halt bloß das Maul,
ist dir auch alles über –
wer einmal in der Scheiße steckt,
kriegt gern noch einen drüber.

DER FAULE

Ich bin ein fauler Lumpenstrumpf
und penn bis abends durch,
dann aal ich mich und streck ich mich
wie'n alter Grottenlurch.

Dann gähne ich 'ne halbe Stund,
bis daß der Kiefer kracht,
dann bin ich müd, weil ich soviel
in kurzer Zeit gemacht.

Ich döse noch, um wirkungsvoll
vom Ruh'n mich auszuruhn,
und denk so schrecklich depressiv,
daß ich jetzt müßt was tun.

Der Wecker zeigt mir zehn nach sechs,
das macht mich sehr verdrossen,
weil um halb sieben, wie man weiß,
die Läden wer'n geschlossen.

Ich schleich mich zu dem Bäcker hin,
die Augen sind sehr klein,
und kaufe mir – noch ungeduscht –
ein lecker Frühstück ein.

Zu Haus mach ich die Glotze an
und nehm mir ein Tablett,
darauf leg ich die Brötchen hin
und geh damit ins Bett.

Nach einer guten Mahlzeit,
sollst ruhig du verdau'n –
du kannst mit falscher Hektik
den Magen dir versau'n.

Drum schau ich mir den Spielfilm an,
der geht noch bis halb zehn,
danach beschließ ich müde,
zum Telefon zu gehn.

Ich rede dann mit einem Freund
vom Leben allgemein,
um zwölf Uhr nachts ist Zeit fürs Bett,
ich stell den Wecker ein.

Das Leben wär gemütlich,
das Leben wär bequem,
müßt ich nicht früh um neune
zum Arbeitsamte gehn.

KARNEVAL

Ich zog froh in die Stadt hinein,
war nicht betrübt, allein zu sein –
ich hatt dem Schatz ade gesagt,
sie hatte sich nicht mal beklagt.

Ich mußt sie nicht vermissen,
wollt eine andre küssen –
was Weiberfastnacht schnell getan,
von einem alten Liederjahn.

Im Wirtshaus war die Hölle los,
ich hatt ein Liebchen auf dem Schoß,
ich wollt sie gerade küssen,
da wurd sie weggerissen.

Die nächste wollte mit mir gehn,
doch konnt vor lauter Suff nicht stehn –
dann war die Kneipe plötzlich leer,
ach, ich verstand die Welt nicht mehr.

Doch kam da eine schöne Frau,
die faßte mich ins Aug' genau.
Sie ging als Rauschgold-Engel –
'ne Wonne für mich Bengel.

Ich konnt mein Glück nicht fassen
und wollt nicht von ihr lassen.
Wir saßen festumschlungen,
der Coup schien gut gelungen.

Sie griff so frech und voller Lust
in meine alte Sünderbrust.
So packten wir die Sachen,
um Schlimmeres zu machen.

Und an der Kölner Straßenbahn
das Küssen wieder neu begann.
Ich faßte ihre Backen,
da spürte ich ein Zwacken.

Die Schminke floß hinunter,
doch nicht der Bart darunter.
Ein herzliches »Auf Wiedersehn« –
Der Engel konnt es gut verstehn …

Ich machte mir nicht viel daraus
und zog beschwipst ins eig'ne Haus.
Ich dachte mir: Im Bettchen
liegt doch mein Schatz Annettchen.

Und schau!, da ruht mein Herzchen auch,
genüßlich auf dem Wonnebauch –
doch, ach!, welch arge Missetat:
über ihr liegt ein Pirat!

So schaute ich ein wenig fern –
doch tat ich dieses nicht sehr gern.
Ich müßte mich jetzt quälen,
den Film euch zu erzählen.

Was mir den Krimi sehr vergällt:
Das Bodenlose dieser Welt!
Die Lust, der Trieb, ganz ohne Scham,
erfüllte mich mit tiefem Gram.

Karneval mach's ich seitdem
dem Liebchen richtig angenehm.
Die Gefahr ist jetzt gebannt:
wir reisen fort ins Sauerland.

DER OSTERHASE ALS PHILOSOPH

Versonnen liegt im Grase
ein brauner Osterhase,
der heute keinem Eier schenkt,
weil er übers Dasein denkt.

Und als die Sonn sich endlich senkt,
ihn immer noch die Frage drängt,
was Anfang aller Schöpfung sei –
der Hase oder's Osterei?

Verzweifelt hat er noch die Nacht
– ein Ei im Auge – durchgedacht,
dann greift er sich voll Wut das Ei,
schlägt's mit der Pfote ganz entzwei.

Das Ei, als Ganzes nun zerstört,
ist ihm die Frage nicht mehr wert,
wann immer es erschaffen sei,
und er verwirft die Denkerei.

Erlöst springt er vom Boden auf,
um fortzusetzen seinen Lauf.
Man sieht ihn weite Sätze messen,
um allen Irrsinn zu vergessen.

Er will nicht wieder taumeln,
nicht mehr im Grase baumeln –
doch tönt schon sein Gestotter:
Eiweiß oder Dotter?
Eiweiß oder Dotter?
Eiweiß oder Dotter?

DER SCHÖNE MARIO

Ich bin de Mario, de schöne Mario,
schönste Mann von diese Statte –
habe ich in diese Statte
jede Frau gehatte.

Sitz ich in meine Alfa dadrin
und guck de schöne Mädeche an –
seh ich eine mitte große Mamelle,
da fahre ich rechts ran.

Eh, Mädeche!, que mamelle,
que culo!, das ist eine Superpo! –
Gehte wie Blitz durch meine corpo:
Forza, forza, Mario!

Ich sag nur: »Psss – psss, willst du heut amore? –
da komme die Mädeche ran,
weil ich habe de goldene Feuerzeug
und de goldene Rollexe an.

Glaubstedu, meine Freunde,
das alles iste eine Witz?
Dann warte nur, bis deine Frau
in meine Alfa Romeo sitzt!

Fahre ich nur zehne Minute
mit deine Freundin in die Wald herum,
da klappette automatische
meine Ruckedesitz herum!

Ich bin de Mario, de schöne Mario,
in die Statte de schönste Mann –
auch wenn ich brenne wie die Feuer:
Bei mir, da brennte nixe an.

Ich sag nur: »Pss, pss, willstu heut amore?
Da komme die Mädeche ran –
weil ich habe de Tanga aus Seide
Un de Ferrari-Brille an.

TODESKRANK

Ich muß die Sache klar sehn,
ich glaub, ich fühl mich schlapp.
So kann ich nicht zur Arbeit gehn,
da spielt sich nichts mehr ab.

Ich muß mich heute schonen,
sonst bin ich morgen krank.
Für wen soll sich das lohnen?
Wo bleibt denn da der Dank?

Bis zwölf bleib ich im Bettchen
und spann mich richtig aus,
dann nehm ich ein Tablettchen,
das treibt die Viren aus.

Wer weiß, wie später, so um acht,
die Dinge für mich stehn,
vielleicht kann ich mal mit Bedacht
zum Brauhaus rübergehn.

Ich glaub, ich komm heut früh nach Haus,
doch wer kann sicher sagen,
wie mich nach acht, neun Bierchen dann
die müden Beine tragen.

DER VERMIETER

Guck, der fiese Hausvermieter
hechelt da im schnellen Lauf,
viel Papiere in der Hand,
uns're alte Treppe rauf.

Klingelt nun an jeder Tür
mit neuen Mietverträgen,
die Augen triefen ihm vor Gier,
kann er Profit erwägen.

Quengelt, schimpft und atmet schwer,
will von Kosten maulen,
während Treppen, Türen, Balken
vor sich hin verfaulen ...

Schüchtert arme Rentner ein,
will aus dem Haus sie treiben,
kann er nicht die letzte Mark
sich noch einverleiben.

Wer hat dich ekelhaften Sack
im Schöpfungsplan erdacht?
Der hat, als er dich fertig sah,
gewiß nicht mehr gelacht.

Wenn du dereinst Begräbnis hast,
was Gott schnell fügen mag,
dann werfen wir dir Groschen nach
ins finst're Modergrab.

HUNGER UND DURST

Wir wollen keinen Chateau-Neuf,
Wir wollen kölsches Bier!
Wir wollen keinen Hummer –
Wir wolln das Hämmchen hier!

Zur Hölle mit der Wachtelbrust,
wir wollen dicke Fritten!
Wir wollen Bratwurst mit Spinat
und keine feinen Sitten!

Wir haben Hunger, Hunger, Hunger, haben Durst!

Wir wollen kein Carpaccio,
wir wollen Riesenknochen
und nagen euch die eig'nen ab,
wollt ihr sie uns nicht kochen!

Wir wollen keinen Kaviar
von 'nem verstörten Fisch,
stellt uns mal lieber blitzeschnell
die Biere auf den Tisch.

Wir haben Hunger, Hunger, Hunger, haben Durst!

Wir wolln die Arme nicht vom Frosch,
geschweige denn die Beine,
jetzt Rippchen her mit Grünkohl –
oder ihr zieht Leine!

Wir plündern euch heut gnadenlos,
bis zu dem letzten Topf –
und fressen euch, sind wir nicht satt,
die Haare von dem Kopf.

Wir haben Hunger, Hunger, Hunger, haben Durst!

DIE ZOCKER

Seht, da sitzt der Zocker Det
und spielt auf dem Backgammon-Brett.
Während er 'ne Kippe pafft,
er munter sich Gewinn verschafft.

Solches bringt ihm Heiterkeit,
dem Gegner eher Schmerz und Neid,
welcher hier nach Fassung ringt,
weil ihm partout kein Wurf gelingt.

Ach, wie klagt der dumme Peter
und erhebt ein Weh-Gezeter –
denn wie Det die Steinchen lupft,
sieht er sich brutal gerupft.

Der letzte Zehner schwindet hin,
der Peter sieht's mit trübem Sinn.
Er bittet um ein letztes Spiel –
der Det, der hält davon nicht viel.

Daß Peter mit den leeren Taschen
noch 'ne Chance sollt' erhaschen –
darin sieht er Widersinn
und legt die Würfel sachte hin.

Und um den Abend abzurunden,
läßt er sich 'ne Bratwurst munden,
die er von Peters Geld bezahlt,
der darüber gar nicht strahlt.

Der Det, der schmaust mit Hochgenuß,
der Peter sieht es mit Verdruß.
Mißgünstig schielt er auf die Wurst,
Det schlürft derweil ein Kölsch mit Durst.

In Peter ballt sich pure Wut,
wie eine heiße Höllenglut –
dieselbe würd er gern entladen
zu seines Gegners großem Schaden.

Er packt die Wurst mit schneller Hand
und wirft sie zornig an die Wand.
Auch reizt ihn sehr das Sauerkraut,
das Det er um die Ohren haut.

Doch führt die härteste Attacke
– in diesem Falle Richtung Backe –
beim Feind, wenn er nicht hoffnungslos,
zum gerechten Gegenstoß:

Eh Peter weiß, wie ihm geschieht,
er vor Pürree nichts mehr sieht,
spürt, wie Det ihn ungezügelt
von allen Seiten heftig prügelt.

Erst draußen in 'ner Regenpfütze
entfernt er seine Pürree-Mütze
und schwört: Mein Gott, ich weiß nicht viel –
doch eins – das war das letzte Spiel!

KLEINER RABE

Guck, was steht da vorne denn
für ein kleiner Rabe –
den ich, so wie ich mich kenn,
gleich im Bettchen habe.

Die knappe, freche Hose
hoch in den Schritt gezogen –
das Mädchen hier, das lose,
das guckt so schön verlogen.

Schwarze Haare, dunkler Sinn,
und biestig sind die Augen –
die Lippen fließen himmlisch hin,
wer weiß, wozu sie taugen.

Aus dem kleinen, süßen Top,
quellen feste Brüste,
die ich bitte hopplahopp
näher sehen müßte.

Die schlanken, braunen Beinchen,
mit zickigen, kleinen Schuhn …
Jetzt schlürft sie ein leckeres Weinchen,
als könnt sie nichts Besseres tun.

Und will ich ein Lächeln mal wagen,
das Luder schaut böse weg,
als wollte sie postwendend sagen:
»Du bist der letzte Dreck.«

Doch äugst du kleiner Rabe
versteckt und verstohlen zurück,
glaub ich, daß ich dich kriege –
du göttlich schlechtes Stück!

DAS ARSCHGESICHT

Ach du Scheiße!, bitte nicht –
dieses blöde Arschgesicht!
Muß der Blödmann denn hier stehn,
wenn wir einen trinken gehn?

Grinst doof rüber, winkt uns schon,
will uns ein Gespräch androhn.
Nein, wir wollen gar nichts wissen,
besser, wenn wir uns verpissen.

Zu spät, er lauert an der Tür –
da hat er wirklich Feingespür...
Jetzt kommt die ganze Litanei,
wie schlecht das Leben zu ihm sei.

Daß immer nur Gemeinheit siegt,
er niemals nie 'ne Chance kriegt,
sein Chef ist mies und ungerecht,
weil er ihm so wenig blecht.

Die Freundin hat ihn auch betrogen,
voll gelinkt und abgezogen;
Kumpels lassen ihn im Stich,
wen er belabert, wundert's nicht.

Gott, wer hat uns auserkoren?
Paßt soviel Müll in uns're Ohren?
Geh doch bitte kurz aufs Klo –
dann hau'n wir ab und sind so froh.

Jetzt will er uns're Nummer haben,
die wir ihm extra niemals gaben.
Komm, schnell einen Deckel her,
was Falsches drauf, das ist nicht schwer.

Und tschüs! Wir müssen leider fort ...
Man sieht sich an 'nem and'ren Ort.
Höflichkeit kann nervig werden
mit solchen Dämeln auf der Erden.

»RIO, PARIS, KÖLN«

In Rio flimmern Lichter
und eine schwüle Luft.
Paris, du hast mondänen Glanz
und einen tollen Duft.
London hat so klasse Pubs
und seinen alten Tower,
in Peking sieht man ganz gebannt
die alte Kaisermauer.
In Sevilla blitzen
die Augen schöner Fraun,
New York, da kann man sitzen
und weit nach oben schaun.

Und Köln, du altes Sumpfloch,
was häng ich an dir fest?,
an deinen Regenwolken –
du graues, maues Nest?
Weil ich hier geboren bin,
will ich hier versauern,
und weil's hier so gemütlich ist
in deinen alten Mauern.
Und auch, das kann ich voller Stolz
von meinem Städtchen sagen –
wir ham' die blödsten Sprüche
für alle Lebenslagen.

VERDAMMTER WIRT

Du nennst dich Wirt, verfluchter Geselle?
Und weist uns jetzt so barsch die Tür?
Mit schnarrend grämlichem Gebelle –
oh, du verdienst den Tod dafür!

Dafür, daß du mit trock'ner Kehle
uns nach zehn Bier schon rausgeschmissen,
gehöret deine schwarze Seele
dir aus dem Körper rausgerissen.

Soll dich doch der Teufel holen
und, aufgespießt auf spitzem Stock,
braten und rösten auf glühenden Kohlen,
du mißvergnügter Hurenbock!

Und zieht der Rauch durch deinen Schlund
und dörrt ihn bis zum Knorpel aus,
grölen wir aus einem Mund:
»Wir rücken dir kein Bier heraus!« …

DER WERWOLF

Die Nacht ist lau, die Nacht ist warm,
ich bin so heiß, daß Gott erbarm.
Ich muß raus, ein Mädel reißen,
muß in schlanke Schenkel beißen.

Gottverdammt, der kleine Slip,
zerfetzt, zerkaut – ein Höllentrip!
Dein Name ist mir scheißegal,
ich will nur satte Körperqual.

Schweiß von deinen Brüsten lecken,
reiben, pressen, saugen, schmecken,
sollst zerfließen unter mir,
aufgelöst in reine Gier.

Ich will an dir, auf dir wüten,
will in geiler Lust zerbrüten.
Schlag die Nägel in mich rein,
mies und kalt und hundsgemein.

Du bist Beute, ich bin Tier,
Haare, Krallen wachsen mir –
Hecheln, grunzen, stoßen, hassen,
deinen weißen Nacken fassen.

DIE LEICHTE MARIE

Marie ist ein leichtes Mädchen,
gar schlau und ausgefuchst,
sie hat so manchem Freier
viel Kohle abgeluchst.

So wie die schöne Loreley
sitzt sie in ihrer Bar
in Köln am Rhein bis nachts halb drei
und kämmt sich durch ihr Haar.

Wer schippert durch die Gassen
und sieht das schöne Kind,
der kann sein Glück nicht fassen
und wird vor Liebe blind.

Er stolpert tumb in ihre Bar,
bezahlt zwei Piccolo,
von denen einer Wasser war –
das macht den Wirt so froh.

Und auch Marie ist munter schon,
und lächelt glücklich ihn an –
das hat die kleine Provision
von zwanzig Mark getan.

WEG!

Da hast du mich verlassen,
du hundsgemeine Frau,
du kalte, kleine Zicke –
mir ist so mies und flau.

Ich will nur weg von deinem Haus
und einfach gradeaus
die Straße lang, so lang es geht,
und aus der Stadt heraus.

Die Füße kleben an den Schuhn,
ich lauf durch öde Felder –
durch Industrie-, Gewerbemist,
und nackte, kahle Wälder.

Ich such den schlimmsten Vorort,
will reinen Horror sehn,
ich will in einer Spießerkneipe
so wie ein Zombie stehn.

Du hast mich einfach weggeschickt,
das sticht mir in das Herz –
verdammt, noch vier, fünf Wodka –
vorbei der halbe Schmerz!

DOOF

Mensch, was bist du blöde,
Gott, was bist du dumm,
nein, was bist du öde –
das haut mich wirklich um.

Du bist so schrecklich dämlich,
so dumpf, so leer, so hohl,
in deinem Kopf dampft nämlich
statt Hirn nur Blumenkohl.

Wärst du als Schwein geboren,
wärst du im Schlamm erstickt,
und hätt'st dabei ein Ferkel
noch unter dir erdrückt.

Als Affe wärst du mager,
selbst im Bananenbaum –
daß man die Dinger schälen muß,
verständest du wohl kaum.

Du arme, dumme Wurst du,
worüber ich nur staune,
du bist so blind und taub und doof,
und immer guter Laune.

DAS WETTER

Kinder, mir geht's gar nicht gut,
das muß am Wetter liegen –
das Wetter drückt mir auf das Blut,
ist mir zu Kopf gestiegen.

Ich halt das Wetter nicht mehr aus
bei dieser schwülen Hitze,
ich gehe besser gleich nach Haus,
bevor ich krank hier sitze.

Offne Fenster helfen nicht,
weil es dann schrecklich zieht –
das Wetter fährt uns ins Gesicht
und dann in jedes Glied.

Nur der Winter ist noch schlimmer,
der ist fürchterlich,
eiseskalt in jedem Zimmer,
Wetter, bist du liederlich!

Auch Herbst und Frühjahr haben Tücken –
ich sage nur: die Feuchtigkeit!,
wochenlang ein steifer Rücken,
was sind wir dieses Wetter leid!

Du kannst dich wenden, kannst dich drehn,
das Wetter wird nur schlimmer,
und wenn Millionen Jahr vergeh'n –
gefährlich ist es immer.